BEI GRIN MACHT SICH IHR WISSEN BEZAHLT

- Wir veröffentlichen Ihre Hausarbeit,
  Bachelor- und Masterarbeit

- Ihr eigenes eBook und Buch -
  weltweit in allen wichtigen Shops

- Verdienen Sie an jedem Verkauf

Jetzt bei www.GRIN.com hochladen
und kostenlos publizieren

Bibliografische Information der Deutschen Nationalbibliothek:

Die Deutsche Bibliothek verzeichnet diese Publikation in der Deutschen National-
bibliografie; detaillierte bibliografische Daten sind im Internet über http://dnb.d-
nb.de/ abrufbar.

Dieses Werk sowie alle darin enthaltenen einzelnen Beiträge und Abbildungen
sind urheberrechtlich geschützt. Jede Verwertung, die nicht ausdrücklich vom
Urheberrechtsschutz zugelassen ist, bedarf der vorherigen Zustimmung des Verla-
ges. Das gilt insbesondere für Vervielfältigungen, Bearbeitungen, Übersetzungen,
Mikroverfilmungen, Auswertungen durch Datenbanken und für die Einspeicherung
und Verarbeitung in elektronische Systeme. Alle Rechte, auch die des auszugsweisen
Nachdrucks, der fotomechanischen Wiedergabe (einschließlich Mikrokopie) sowie
der Auswertung durch Datenbanken oder ähnliche Einrichtungen, vorbehalten.

Impressum:

Copyright © 2015 GRIN Verlag, Open Publishing GmbH
Druck und Bindung: Books on Demand GmbH, Norderstedt Germany
ISBN: 9783668332256

Dieses Buch bei GRIN:

http://www.grin.com/de/e-book/315902/einfuehrung-und-konjugation-der-er-ver-
ben-unterrichtsentwurf-franzoesisch

Moritz M. Mansson

Einführung und Konjugation der -er Verben. Unterrichtsentwurf Französisch Klasse 7

GRIN Verlag

GRIN - Your knowledge has value

Der GRIN Verlag publiziert seit 1998 wissenschaftliche Arbeiten von Studenten, Hochschullehrern und anderen Akademikern als eBook und gedrucktes Buch. Die Verlagswebsite www.grin.com ist die ideale Plattform zur Veröffentlichung von Hausarbeiten, Abschlussarbeiten, wissenschaftlichen Aufsätzen, Dissertationen und Fachbüchern.

Besuchen Sie uns im Internet:

http://www.grin.com/

http://www.facebook.com/grincom

http://www.twitter.com/grin_com

Moritz Maria Månsson

Schriftlicher Planungsentwurf
für das Modul HR 8 a - Französisch
im Rahmen eines Einzelbesuches
Erster Unterrichtsbesuch

Thema der Unterrichtseinheit:
Ma famille, mes amis et ma vie

Thema der Unterrichtsstunde:
La base du français – les verbes sur -er

Datum: 2.3.2015
Uhrzeit/Unterrichtsstunde: 11:35-12:20 Uhr, 5. Stunde
Fach: Französisch
Lerngruppe: 7 (10 Schülerinnen, 13 Schüler)
Raum: C1.02

Lernziele der Stunde:
Die Schülerinnen und Schüler können bestimmte französische Verben, die auf
-er enden, konjugieren und dies sowohl schriftlich als auch mündlich zum
Ausdruck bringen.

Inhaltsverzeichnis:

1 Lernbedingungen

Die Lerngruppe 7 besteht aus 23 Schülerinnen und Schülern[1] (13 männlich, zehn weiblich). Wie die Formulierung schon darlegt, setzt sich der Kurs aus drei Klassen zusammen. Die Schüler haben sich zu Beginn dieses Schuljahres im Rahmen des Wahlpflichtangebotes an der Schule für das Fach Französisch entschieden. Zum Halbjahreswechsel im Februar 2015 habe ich die Lerngruppe von meiner Mentorin S übernommen und unterrichte seitdem vierstündig mit ihr gemeinsam in einer Doppelsteckung.

Durch regelmäßige Hospitationen seit Beginn des Referendariats im November 2014 konnte ich die Klasse bereits kennenlernen und mir ein erstes Bild von ihr machen.

1.1 Überfachliche Lernbedingungen

Das Arbeitsklima in der Klasse lässt sich als durchwachsen beschreiben. Während etwas mehr als die Hälfte der Lerngruppe gut und zügig mitarbeitet (auch durch mündliche Beiträge im Unterricht), lässt sich auf der anderen Seite eine schwache Mitarbeit erkennen. Dies nicht zuletzt dadurch, dass einige Schülerinnen und Schüler regelmäßig grundlegende Unterrichtsmaterialien zu Hause lassen oder vergessen.

Das Arbeitsklima in der Lerngruppe ist ruhig. Während Still- oder Partnerarbeitsphasen entstehen nur selten laute Gespräche.

Im Folgenden werden nun alle Schülerinnen und Schüler klassifiziert. Insgesamt lässt sich die Klasse in vier Gruppen einteilen:

- Überwiegend gute Beiträge/Mitarbeit (häufig)
- Überwiegend schwache Beiträge/Mitarbeit (häufig)
- Überwiegend gute Beiträge/Mitarbeit (selten) und
- Überwiegend schwache Beiträge/Mitarbeit (selten).

Überwiegend gute Beiträge/Mitarbeit (häufig)	Überwiegend schwache Beiträge/Mitarbeit (häufig)	Überwiegend gute Beiträge/Mitarbeit (selten)	Überwiegend schwache Beiträge/Mitarbeit (selten)
R.	N.A.	A.A.	C.B.
B.A.	H.A.	C.A.	Y.

---

[1] Im Folgenden ist mit dem Begriff „die Schüler" die Gemeinschaft der Lerngruppe gemeint. Sollte eine Geschlechterdifferenzierung notwendig sein, wird dies explizit ausgeschrieben.

A.B.	R.	A.C.	A.E.
B.B.	N.	A.D.	A.F.
G.	-	H.B.	L.
-	-	C.C.	A.G.
-	-	S.	-
-	-	B.C.	-

Auf einige Schülerinnen und Schüler möchte ich im Folgenden näher eingehen. R. und B.B. wiederholen die siebte Jahrgangsstufe und haben somit einen gewissen Wissensvorsprung im Fach Französisch, wobei R. darüber hinaus eine gute Aussprache beherrscht. Die Schülerinnen C.B. und A.F. fallen vor allem durch ein ungenügendes Arbeitsverhalten auf. Sie liegen teilweise während des Unterrichts mit dem Kopf auf dem Tisch, erscheinen häufig ohne Arbeitsmaterial und lenken bei Arbeitsphasen ihre Mitschülerinnen ab. Besonders sind davon C.A. und A.D. betroffen, die eigentlich ein höheres Potenzial besitzen, beim Abruf dessen jedoch gestört werden. Daher habe ich dahingehend die Sitzordnung verändert, so dass C.B., A.F., A.D. und C.A. mehr von meinem Französisch-Unterricht profitieren können.

1.2 Fachliche Lernvoraussetzungen

Das kurze erste Halbjahr und das durchgeführte Programm „Prävention im Team" (PiT) haben dazu geführt, dass die Lerngruppe nicht über grundlegende Sätze wie *Je m'appelle, J'ai XX ans, J'habite à* hinaus kam. Des Weiteren erlernten die Schüler ihre Arbeitsmaterialien beschreiben.

Insgesamt gibt es in der Klasse noch erhebliche Schwächen in der Aussprache. Dies lässt sich im Besonderen daran erkennen, dass Wortendungen komplett oder dass Wörter wie *un, en* und *le* auch nach mehrfachem Üben kontinuierlich falsch ausgesprochen werden.

Aufgrund des geringen Vokabelwissens der Lerngruppe lag mein Augenmerk zu Beginn meiner Unterrichtsübernahme darauf, sie möglichst schnell viele Vokabeln lernen zu lassen, so dass sie mittlerweile in der Lage sind, kleinere Dialoge zu führen oder auch Bildbeschreibungen durchzuführen.

2 Verlaufsplan der Stunde

Verortung im Kerncurriculum und geförderte Kompetenzen:

Kompetenzbereiche: Sprachlernkompetenz, Kommunikative Kompetenzen (Hör-/Hör-Sehverstehen, Sprechen, Schreiben)

Phase	Unterrichtsgeschehen	Methodisch-didaktischer Kommentar	Erwartetes Sprachverhalten	Organisations- Sozialform	Medien
Einstieg/ (Begrüßung) 11:35-11:38	L. und SuS begrüßen sich stehend. Im Anschluss wird die Anwesenheit durch ein kleines Warm-Up-Spiel kontrolliert.	Die stehende Begrüßung bedeutet für die SuS den Beginn der Unterrichtsstunde und ermöglicht ihnen kurze Bewegung. Durch das Spiel sollen die SuS im Unterricht ankommen.	Bonjour M. Mânsson. Un, deux, trois,….	Lehrervortrag Schüleraktivität	
	« Qu'est-ce qu'on va faire aujourd'hui?" L. erklärt, dass die SuS in der heutigen Stunde die Methode kennenlernen, um 80% der französischen Verben konjugieren zu können.	Durch die Bedeutung, die in der Beherrschung der Konjugationsmethode der Verben auf -er liegt, sollen die SuS motiviert werden.[2]			
Hinführung 11:38-11:50	L. zeigt Folie 1. Im Anschluss wird ein Hörverstehen zweimal abgespielt. SuS notieren auf der Rückseite ihres Arbeitsblattes, was sie verstanden haben. SuS nennen nun ihre Ergebnisse	Die SuS sollen durch das Auflegen der Bilder in eine entspannte Arbeits- und Zuhörphase versetzt werden, um ihre Aufmerksamkeit zu steigern und Ängste zu	Il y a trois personnes qui parlent. Ils habitent à Bruxelles ou à Lyon.	Lehrerdemonstratio n Schüleraktivität	CD, CD-Player, OHP, Folie, Arbeitsblatt (Rückseite)

---

[2]Mehr als 80 Prozent der französischen Verben enden auf -er. Vgl. dazu: Mazet, Véronique: *French Grammar for Dummies*. 1. Auflage. New York 2014. New York 2014. S. 7.

	(gleich ob richtig oder falsch). Vor dem dritten Abspielen wird der Text des Hörverstehens mit Folie 2 präsentiert. SuS lesen ihn laut vor und überprüfen anschließend ihre Vermutungen nach und nach während des Abspielens.	verringern. Durch das zweimalige Anhören ohne Text sollen die SuS sich nur auf das Hörverstehen konzentrieren können.	La fille ou la dame range sa chambre. Les trois regardent la télé		
Erarbeitung und Zwischenergeb-nissicherung 11:50-12:12	SuS suchen nun zwei Verben (wenn möglich) für Je, Il/Elle/On, Nous, Vous, Ils/Elles, die sich auf der Folie 2 befinden (eine Tu-Form gibt es leider nicht. Diese wird von L. hinzugefügt). L. schreibt die neuen Verben an die Tafel und erklärt sie jeweils. Im Anschluss werden die neuen Infinitive im Chor nachgesprochen. Anschließend erklärt L. anhand von Folie 3 die Bildung der Konjugationen. Danach wird eine Grammatikregel erstellt, die der L. mit SuS bestimmt und anschließend auf die Folie schreibt und SuS abschreiben. Im Anschluss daran bearbeiten SuS Aufgabe Nummer 1 in Einzel-, und Aufgabe Nummer 2 in Partnerarbeit, welche im Anschluss im Klassenverband	Die SuS sollen ihr Vorwissen aktivieren und bekannte Satzteile erkennen. Es werden nur die zur Veranschaulichung notwendigen Konjugationen an die Tafel geschrieben, um den Überblick zu gewährleisten. Jedoch werden alle Verben auf Folie 2 erklärt (Imperative ausgenommen). Das Nachsprechen im Chor aktiviert alle SuS und verhindert das Bloßstellen Einzelner.	Je range... Il pose... Nous allumons.../nous mangeons Vous regardez... Ils habitent... Verben, die auf -er enden, haben folgende konjugierte Endungen: -e, -es, -e, -ons, -ez, -ent. Mit Ausnahme von ranger, manger in der 1. Pers. Pl.	Lehrer-Schülergespräch Schüleraktivität Lehrer-Schülergespräch Schüleraktivität/Ple num	OHP, Folie OHP, Folie, Arbeitsblatt (Vorderseite), Tafel

	besprochen werden. Die Lösungsmoderation übernimmt der Lehrer, lässt allerdings die SuS buchstabieren.	Dieses Verfahren wird aus einem Zeit ersparenden Gesichtspunkt gewählt.	
Transfer 12:12-12:20	Die Klasse teilt sich in zwei Gruppen. Das Spiel läuft danach von selbst. Nur in kritischen Situationen greift L. ein. Nach Feststellung des Siegers beendet L. die Stunde.	In dieser Phase der Stunde können die SuS ihr heute gelerntes Wissen einmal in einem Dialog und einem in einem Spiel einsetzen. Das Spiel hat zudem einen motivierenden Faktor und die SuS mögen Wettkämpfe.	S-Aktivität Folie, OHP

3 Anhang

Folie 1:

Abbildung aus urheberrechtlichen Gründen für die Veröffentlichung entfernt.
entnommen aus: Bächle, Hans; Gregor, Gertraud; Héloury, Michèle; Schenk, Sylvie: *À plus! Ausgabe 2004 Das Lehrwerk für die 1. und 2. Fremdsprache.* Cornelsen, 2004, S.42, verändert.

Folie 2:

Abbildung aus urheberrechtlichen Gründen für die Veröffentlichung entfernt.
entnommen aus: Bächle, Hans; Gregor, Gertraud; Héloury, Michèle; Schenk,
Sylvie: *À plus! Ausgabe 2004 Das Lehrwerk für die 1. und 2. Fremdsprache.*
Cornelsen, 2004, S.42.

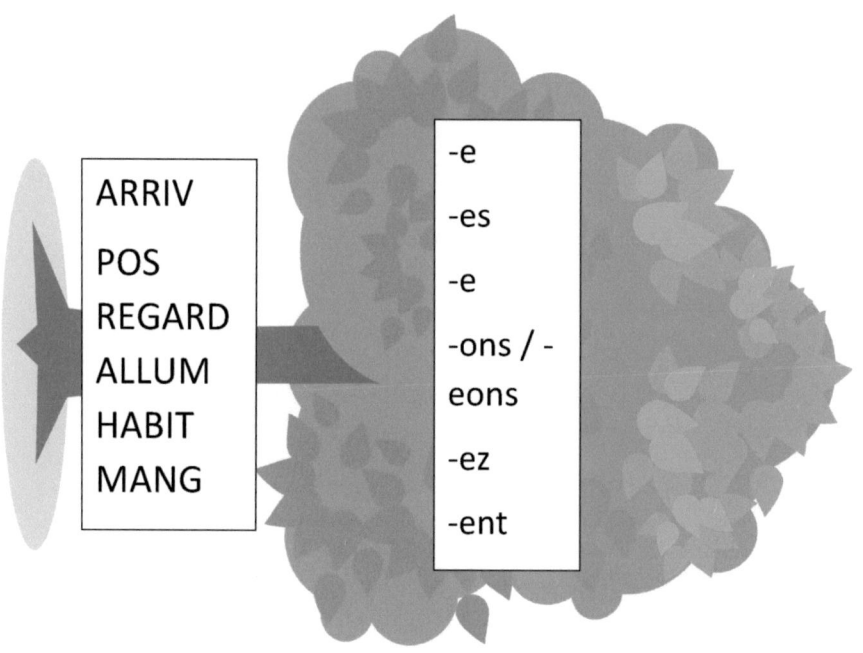

ARRIV
POS
REGARD
ALLUM
HABIT
MANG

-e
-es
-e
-ons / -eons
-ez
-ent

Règle :

La conjugaison des verbes sur –er :

_____

_____

_____

_____

_____

_____

_____

_____

⚠️ _____

_____

_____

_____

Exercice 1 :

Connectez les pronoms personnels avec les bons verbes conjugués.

Je	HABITONS
Tu	RANGE
Il/elle/on	MANGENT
Nous	REGARDE
Vous	ALLUMES
Ils/elles	TRAVAILLEZ

Exercice 2 :

Trouvez les bons mots et mettez-les dans les espaces.

- Madame Gallet et ses enfants _____ (wohnen) à Lyon.

- Madame Gallet et Paul _____ (ankommen) à la maison.

- Annabelle est dans sa chambre. Elle _____ (aufräumen) ses cassettes.

- « Annabelle, tu _____ (aufräumen) aussi tes livres ? », demande sa mère.

- Paul _____ (einschalten, anzünden) la lumière dans sa chambre.

- La lumière _____ (funktionieren, gehen) bien.

- « Nous _____ (schauen, gucken) la télé ? », demande Annabelle.

- « Non non, vous _____ (essen) et je _____ (schauen, gucken) de la télé », dit Paul.

Arbeitsblatt (Rückseite) :

Tes notes :

_____

_____

_____

_____

_____

Folie – Spiel:

Exemple: 19 Je RANGER – <u>dix-neuf - Je range</u> _____

1 Je REGARDER - _____

2 Tu HABITER - _____

3 Vous ALLUMER - _____

4 Ils/Elles TRAVAILLENT - _____

5 Nous MANGER (2x) - _____

6 Il/Elle/On MARCHER - _____

7 Je HABITER - _____

8 Il/Elle/On RANGE - _____

9 Vous ARRIVER - _____

10 Ils/Elles REGARDER - _____

11 Tu MANGER - _____

12 Nous RANGER (2x) - _____

13 Il/Elle/On TRAVAILLER - _____

14 Je ALLUMER - _____

15 Vous HABITER - _____

16 Ils/Elles MARCHER - _____

17 Nous ARRIVER - _____

18 Je ARRIVER - _____

20 Tu REGARDER - _____

4 Quellen

- Bächle, Hans et al.: *Réalités 1.* Band 1, 1. Auflage. Berlin 2010.
- Blume, Otto-Michael: *Sprechen und Schreiben fördern.* In: Krechel, Hans-Ludwig: *Französisch-Methodik. Handbuch für die Sekundarstufe I und II.* 4. Auflage. Berlin 2014, S. 131-179.
- Confais, Jean-Paul: *Grammaire explicative. Schwerpunkte der französischen Grammatik für Leistungskurs und Studium.* 2. Auflage. Ismaning 2008.
- Hessisches Kultusministerium (Hg.): *Bildungsstandards und Inhaltsfelder. Das neue Kerncurriculum für Hessen. Sekundarstufe I – Realschule. Moderne Fremdsprachen.* Wiesbaden 2010.
- Höner Dorotea: *Grammatikarbeit.* In: Krechel, Hans-Ludwig: *Französisch-Methodik. Handbuch für die Sekundarstufe I und II.* 4. Auflage. Berlin 2014, S. 53-77.
- Küpper, Nina: *Förderung des Hörverstehens.* In: Krechel, Hans-Ludwig: *Französisch-Methodik. Handbuch für die Sekundarstufe I und II.* 4. Auflage. Berlin 2014, S. 113-130.
- Mazet, Véronique: *French Grammar for Dummies.* 1. Auflage. New York 2014. New York 2014.
- Nieweler, Andreas (Hg.): *Fachdidaktik Französisch. Tradition – Innovation – Praxis.* 1. Auflage. Stuttgart 2012.

- Warnschild: https://openclipart.org/detail/1695/warning-sign
- Baum: https://openclipart.org/detail/248094/tree-5

BEI GRIN MACHT SICH IHR WISSEN BEZAHLT

- Wir veröffentlichen Ihre Hausarbeit,
  Bachelor- und Masterarbeit

- Ihr eigenes eBook und Buch -
  weltweit in allen wichtigen Shops

- Verdienen Sie an jedem Verkauf

Jetzt bei www.GRIN.com hochladen und kostenlos publizieren